I0440041

ESPAÑA ANTE EL FENÓMENO DE LA INMIGRACIÓN

LA HISTORIA DE LA INMIGRACIÓN EN ESPAÑA HASTA NUESTROS DÍAS

M. E. Brandon

La información incluida en este libro es ofrecida de buena fe y creyendo que es exacta en el momento de su publicación, estando sujeta a cualquier cambio que fuera necesario.

PRÓLOGO

La inmigración, sobretodo la irregular, ha sorprendido al Continente Europeo poco preparado para afrontar la situación con éxito. Aunque algunos países de la Unión Europea poseen una larga tradición como receptores de inmigrantes, tal es el caso del Reino Unido o Francia, los movimientos migratorios en el Continente no habían sido tan intensos como hasta finales del siglo XX.

Europa ha intentado reaccionar cerrando sus fronteras e imponiendo visados de entrada a todo aquel que desee cruzar sus bordes. Esta política que no ha sido del todo exitosa y que ha dado lugar a una situación paradójica en un continente que, a la vez que se esfuerza en proporcionarle más libertad de movimiento a sus ciudadanos, se empeña en restringir la capacidad de movimientos de los nacionales de terceros países.

La Unión Europea que ha demostrado tener un gran talante democrático en muchos otros aspectos, ha sido incapaz de materializar acuerdos que tengan como fondo la cuestión de la inmigración a no ser que estén enfocados a controlar los flujos humanos.

La situación no es muy diferente en España que históricamente y hasta finales del siglo XX había sido un país de emigrantes que se desplazaban principalmente a América y a otros países europeos en busca de un futuro mejor.

Sin embargo, en las últimas décadas, y a medida que el país se iba integrando en la Europa comunitaria y la legislación en materia de inmigración se iba definiendo, el proceso migratorio iba tomando una nueva dimensión.

En nuestros días, y aunque la actual crisis económica ha contribuido a una reducción en los flujos migratorios, los habitantes de otros países menos favorecidos de la periferia eligen España como la puerta de entrada hacia el resto del continente europeo y el destino donde su sueño por alcanzar un mayor nivel de vida puede comenzar a gestarse.

Este cambio de tornas ha sido, y sigue siendo, difícil de asimilar por unas Administraciones Públicas que se han visto muchas veces desbordadas por la llegada de oleadas de inmigrantes ilegales.

A la misma vez, la opinión pública española se encuentra tan perdida como sus gobernantes y, mientras, surgen una serie de prejuicios en torno a la figura del inmigrando que no beneficia ni a los recién llegados ni a la sociedad receptora y que se han visto intensificados debido a la actual crisis económica que asola al país.

Así las cosas, queda aún mucho camino por recorrer hasta alcanzar el estado en el que se tome consciencia de que España necesita de la inmigración, ya que, su población envejece y la mano de obra inmigrante se hace necesaria para poder seguir manteniendo el Estado de bienestar actual.

También todavía hay que avanzar mucho hasta superar los miedos y prejuicios que en torno a la figura del inmigrante han surgido en un país muy poco acostumbrado a recibir inmigración.

Aún en nuestros días la mayoría de la opinión pública española no es capaz de aceptar que la inmigración no es un problema temporal; que los desplazados seguirán llegando y lo harán para quedarse y que su integración se hace necesaria para evitar roces de convivencia y discriminaciones sociales y políticas.

De la misma manera, a la clase política española aún no ha entendido que los controles y leyes restrictivas contra la inmigración ilegal aplicados en las últimas décadas no han resultado ser efectivos. A los gastos en logística y recursos tecnológicos y humanos destinados al control de la inmigración clandestina hay que sumarle la pérdida de vidas humanas y las carencias mostradas por las instituciones a la hora de integrar a los inmigrantes en su nuevo entorno. Y es que la llegada de inmigración ha dejado al descubierto el hecho de que el status de irregular de muchos de estos inmigrantes no beneficia ni a la persona que emigra ni al país de destino.

INDICE

Capítulo 1: La Inmigración en Nuestros Días

La inmigración ha sido un fenómeno presente a lo largo de la historia; pueblos, países e incluso culturas enteras se han forjado teniendo como base el proceso migratorio.

Tal es el caso de los Estados Unidos un país formado por la mezcolanza de culturas y razas resultante del flujo de colonos de distintos países europeos, el tráfico de esclavos africanos y las oleadas de campesinos y desplazados de guerra llegados de Europa y Asia. Durante siglos, los Estados Unidos practicaron una política de puertas abiertas a inmigrantes venidos de todos los rincones del mundo, llegando a recibir hasta 1.700.000 inmigrantes en un solo año (1907), una cifra no superada hasta el momento por ningún otro país[i].

1

Sin embargo, la inmigración nunca había sido un tema tan recurrente en las agendas políticas y en los medios de comunicación internacionales como lo ha sido durante las últimas décadas.

El Fenómeno de la Inmigración en Europa

Tradicionalmente Europa, a diferencia de Estados Unidos, no ha estado tan acostumbrada a recibir oleadas de inmigrantes. Esta situación comenzó a cambiar a mediados del siglo XX cuando los movimientos migratorios hacia el Viejo Mundo se fueron convirtiendo en flujos continuos y crecientes.

En la actualidad, el Continente aún no ha asimilado su nuevo papel de área receptora. Esto se debe al hecho de que Europa ha pasado en pocas décadas de ser un continente de colonos y emigrantes a ser un área de destino de inmigración.

También las características de la sociedad europea, prácticamente homogénea en cuanto a cultura, raza y religión, contribuye a la aparición de una percepción de pérdida de control sobre los flujos migratorios y un temor a la desaparición de la identidad cultural.

A pesar de todo, la inmigración, ya sea legal o ilegal, no se limita a los países industrializados y en las últimas décadas se ha convertido en un fenómeno global con desplazados llegados de muchos países y dirigiéndose hacia multitud de destinos.

Los movimientos migratorios en nuestros días han dejado de ser problema de unos pocos para convertirse en una cuestión que ocupa un lugar privilegiado en la vida social y política a nivel internacional.

Durante los últimos años esta inmigración clandestina ha causado verdaderos quebraderos de cabeza a las sociedades receptoras las cuales se han visto obligadas a adaptar sus políticas sociales, educativas y sanitarias, a la vez que dirigen fondos a gastos en logística y recursos humanos enfocados en el control de desplazamientos irregulares y emplean parte de sus presupuestos en formar y contratar personal familiarizado con el proceso migratorio.

Por otro lado, la falta de información de la opinión pública y la constante mención de la inmigración en los medios de comunicación contribuyen a crear una imagen desfigurada y exagerada de la realidad. Esto hace que emerjan prejuicios en la sociedad receptora y se plantean dudas provocadas en gran parte por la falta de conocimiento de otras culturas y la enorme desinformación existente.

Capítulo 2: Las Causas de la Inmigración

Una de las primeras preguntas que se plantea la opinión pública ante la imagen de inmigrantes ilegales llegando a sus costas y aeropuertos es que empujará a esas gentes a dejar atrás todo su mundo y arriesgar sus vidas para alcanzar las fronteras de otros países. Para contestar a esta pregunta se deben analizar las causas que provocan estos desplazamientos las cuales son muchas y diversas.

Se producen desplazamientos por conflictos bélicos, persecuciones políticas, religiosas y étnicos dentro de una misma sociedad.

También en las últimas décadas emerge la figura del inmigrante profesional en cuyo perfil encajan estudiantes en busca de especialización académica, jóvenes en busca de más opciones de carrera y directivos de multinacionales que pasan períodos de trabajo en el extranjero.

Otro factor que ha contribuido a los movimientos migratorios en las últimas décadas ha sido la globalización de la economía. La globalización ha servido como estimulante de estos movimientos humanos aportando información en tiempo real la cual genera una percepción de reducción de distancias geográficas haciendo que los países receptores de emigración sean vistos como más accesibles.

Los avances tecnológicos en infraestructuras y transportes también han contribuido a facilitar los desplazamientos humanos haciendo que los destinos sean más fáciles de alcanzar.

A todo esto, el principal motivo detrás de los movimientos migratorios internacionales lo constituyen las cada vez más agudizadas desigualdades económicas, sociales y tecnológicas entre los países industrializados y los llamados países del Tercer Mundo.

En los últimos años las diferencias entre los países ricos y los pobres han seguido aumentando debido a que el volumen de la deuda externa ha frenado aún más el desarrollo de los países más pobres. En la actualidad, el 20% de la humanidad consume el 80% de los recursos naturales del planeta[ii].

En 1982, el Banco Mundial junto con el Fondo Monetario Internacional inició planes para obtener nuevos créditos destinados a países desfavorecidos. Se concluyó que había que mantener los tipos de interés bajos para que los países pobres no acabaran sumergidos en la más absoluta penuria lo cual provocaría un desplazamiento masivo de su población. Sin embargo, estos programas no han obtenido los resultados deseados y los países desfavorecidos continúan ahogados por una deuda que no les deja evolucionar.

En 1998, los países de la periferia tuvieron que pagar 250.000 millones de dólares en concepto de servicio de la deuda, una cantidad cinco veces mayor a lo que recibieron ese mismo año en Ayuda Oficial al Desarrollo (50.000 millones). Por otra parte, debido a los elevados intereses de los acreedores se estima que, entre 1982 y 1998, los países del Sur han devuelto ya una cifra que es cuatro veces mayor que la percibida inicialmente... Entre 1985 y 1995, década en la que se aplicaron las políticas de ajuste estructural para reducir la deuda externa, el PIB per cápita de los diez países más ricos del planeta se duplicó, mientras que el PIB per cápita de los diez países más pobres descendió un 30%[iii].

Además, las inversiones hechas por los países industrializados en materia de cooperación para el desarrollo tampoco han resultado ser suficientes ni muchas veces estar enfocadas a las áreas de más necesidad, algo que se ha agravado con la actual crisis económica en Europa y Estados Unidos la cual ha forzado a estos países a reducir aún más las partidas destinadas a cooperación internacional.

Problemas a los que se Enfrenta el Inmigrante

Esta situación de empobrecimiento de muchos países ha llevado a parte de su población a soñar con un futuro mejor en un país económicamente más estable. Sin embargo, la aventura no resulta ser un camino de rosas y desde el principio de su travesía los inmigrantes se han de enfrentar a una serie de problemas.

Primero han de eludir los requisitos en materia de inmigración impuestos en sus países de origen, después se convierten en presas fáciles para traficantes que les explotan económica y, a veces, sexualmente y, por último, una vez llegados al país de acogida, deben enfrentarse a una realidad muy diferente de la que habían previsto.

En muchas ocasiones, estos inmigrantes llegan desinformados soñando con un futuro dorado en un país que les integrará y les permitirá ser partícipes de su Estado de bienestar. Por lo contrario, la realidad a la que se enfrentan resulta ser bien distinta. Al duelo por dejar atrás su cultura, país, posición social, familia, casa, amigos, etc., se une el rechazo de la sociedad receptora.

Esta sociedad a menudo desarrolla estereotipos enfocados en la figura del inmigrante al cual se tacha de conflictivo, mientras se le atribuye una serie de problemas sociales como ser portador de enfermedades, delincuencia, paro, y causante de problemas de reajuste en el sistema educativo y de colapsos en los servicios sociales y sanitarios. Por añadidura, se les visiona como un problema a controlar con el fin de proteger el Estado de bienestar y la identidad cultural sin entender que su presencia no sólo puede enriquecer las arcas del Estado sino también la cultura del país.

Muchos de estos desplazados pronto se encuentran en una situación de total desamparo y algunos acaban involucrándose en negocios ilegales como tráfico de personas, drogas, prostitución que por un lado provocan un mayor rechazo social y, por otro lado, crean una economía sumergida que afecta negativamente al país de acogida.

Capítulo 3: La Unión Europea y Su Enfoque del Fenómeno Migratorio

Los países de la Unión Europea se enfrentan a uno de los mayores retos de nuestro tiempo. El flujo masivo de inmigrantes hacia Europa en un momento de grave crisis en todos los órdenes (económico, político y social) comporta nuevos problemas e interrogantes que deben ser solucionados desde una perspectiva a largo plazo y de respecto a los valores democráticos y los derechos humanos[iv].

Los movimientos migratorios en el Continente Europeo han crecido durante el siglo XX cuando diferentes eventos contribuyeron a convertir al Viejo Mundo en un área de recepción de flujos migratorios. Uno de estos eventos lo constituyeron los conflictos bélicos dentro del mismo Continente los cuales produjeron movimientos de desplazados de guerra.

Tras el final de la 2ª Guerra Mundial, Europa entró en una fase política de estabilidad acompañada por un gran crecimiento industrial y tecnológico en el centro y norte del Continente. Esta estabilidad, que coincidió con el establecimiento de la Comunidad Económica Europea (CEE) en 1957, provocó desplazamientos de inmigrantes de sur a norte y de este a oeste hacia esos países en fase de industrialización que abrieron sus puertas a la mano de obra necesaria reciente despegue industrial.

El proceso inmigratorio se vio frenado por la llamada "crisis del petróleo" que tuvo lugar en 1973-1974. "La crisis del petróleo" causó un retroceso económico en Europea cuyo efecto se dejó sentir hasta bien entrados los ochenta y el cual desembocaría en la introducción de medidas más austeras y restrictivas sobre el control de la inmigración que a partir de entonces caracterizaría la política europea en materia migratoria.

La Política Anti-Inmigración Europea

A partir de los años 70 la entonces Comunidad Económica Europea-CEE comenzó a introducir una serie de medidas austeras enfocadas hacia una política de cierre de fronteras para los ciudadanos de terceros países.

Los primeros pasos dados por la Comunidad en este sentido pueden verse reflejados en las decisiones tomadas por el Grupo de Trevi sobre Seguridad y Terrorismo, fundado en 1975.

El Grupo de Trevi reuniría dos veces al año a los Ministros de Interior de los estados miembros para sentar las bases en materia de terrorismo y seguridad. Con el tiempo el grupo fue ampliando su agenda incluyendo cuestiones como la de la inmigración ilegal[v] y enfatizando la necesidad de ejercer un mayor control sobre los flujos migratorios.

Esta postura de la CEE se vio reforzada por el Tratado de Schengen firmado en 1985 y sustituido en 1990 por la Convención de Schengen. En materia migratoria, el Tratado de Shengen tenía como objetivos principales el establecimiento de una serie de normativas y procedimientos para el control de la inmigración ilegal; el refuerzo de las fronteras a través de la colaboración policial entre todos los estados miembros y la introducción del visado como requisito indispensable para entrar en cualquier país de la Comunidad. Hoy en día Schengen sigue vigente y ha sido respaldado por 25 países de la Unión Europea.

Más adelante, el Tratado de Maastricht de 1992 reforzaba las bases sobre las que se había constituido Schengen en cuando a control de fronteras externas y apertura de las internas.

Además, Maastricht introdujo una nueva legislación a través de la cual si un país de la desde entonces Unión Europea (UE) denegaba la entrada a un inmigrante, éste no podría solicitar asilo en ningún otro país miembro lo cual reducía drásticamente las posibilidades de refugio de muchos solicitantes.

En consecuencia se produjo una paradoja ya que a la misma vez que la Unión se esforzaba por ofrecerle más libertad de movimientos a sus ciudadanos, les negaba toda esa libertad a ciudadanos de terceros países.

Siguiendo la misma línea conservadora, con el paso de los años una serie de grupos de trabajo y convenciones tendrían lugar en el seno de la Unión Europea (UE). Iniciativas como el Grupo Ad Hoc para la Inmigración creado en 1986[vi] o la Convención de Dublín en junio de 1990.

Esta Convención, que entraría en vigor en 1997, supondría la base de trabajo de la Unión en materia de inmigración y asilo, defendiendo la cooperación entre los distintos estados miembros para el control de la inmigración ilegal[vii]. En el año 2003, la Convención de Dublín se transformaría en la Regulación de Dublín.

La Era Liberal de la Unión Europea

La faceta conservadora de la Unión Europea en materia de inmigración pareció tocar fin con la firma del Tratado de Ámsterdam en 1997, que implementaba Maastricht y entró en vigor en 1999.

Con el Tratado de Ámsterdam, Europa dio un giro hacia leyes más liberales. Se puede encontrar constancia de ello en el hecho de que por primera vez se trataron temas como la integración y los derechos de los inmigrantes.

Además, el Tratado incluía una normativa sobre discriminación por motivos de sexo, religión, ideología, edad y raza hasta entonces prácticamente inédita en tratados europeos.

En la misma tónica del Tratado de Ámsterdam, a finales de los noventa algunos países miembros de la Unión aprobaron leyes más liberales y, por primera vez, reconocieron la necesidad de integrar a los inmigrantes que residían legalmente en sus territorios. Así, en 1998 Suecia creó la Oficina Nacional de Integración, mientras que al año siguiente Finlandia aprobó una Ley para la Integración de los Inmigrantes y Acogida de los Solicitantes de Asilo[viii].

Vuelta a una Faceta más Conservadora

La era más tolerante de la Unión Europea duró poco. Los atentados terroristas en Nueva York y Washington en Septiembre del 2001, sembraron el pánico y animaron a la Unión Europea a un retroceso en su política migratoria.

Como consecuencia, la primera década del siglo XXI fue testigo de la introducción de una serie de medidas más restrictivas enfocadas hacia el control de la inmigración clandestina. De esta manera, en las Cumbres de Estocolmo (2001) y Sevilla (2002) se aprueban medidas para reforzar leyes de migración irregular y para obligar a terceros países a readmitir a sus ciudadanos bajo amenaza de retirada de ayuda económica[ix].

En el año 2002, se firmó un Plan Global de lucha contra la inmigración ilegal[x] que definía un enfoque común contra la inmigración clandestina coordinando esfuerzos a nivel informativo, policial y de control de fronteras.

Los atentados terroristas de Madrid en marzo de 2004 y en Londres en julio del 2005 no hicieron sino reforzar la postura de blindaje de fronteras desarrollada por la Unión.

De esta manera, en el año 2004 se creó la Agencia Europea de Control de Fronteras (FRONTEX) que comenzaría a funcionar en 2005 y que sería la responsable de los controles en las fronteras comunitarias, coordinando esfuerzos e intercambiando información.

Posteriormente, en octubre del 2005 se aprobó el Plan AENEAS dotado con 250 millones de Euros para la asistencia financiera y técnica con terceros países y que implementó una red de comunicaciones entre todos los estados miembros para transmitir información en materia de inmigración[xi].

Individualmente la mayoría de los miembros de la Unión han desarrollado políticas migratorias en la misma línea comunitaria no sólo a lo que a la lucha contra la inmigración ilegal se refiere sino también al trato dispensado a los inmigrantes legales. Por ejemplo, Holanda exige a los ciudadanos de terceros países residentes en el país seguir un curso de cultura holandesa para poder acceder a los servicios sociales, mientras que, Dinamarca exige aprender el idioma danés como requisito para la residencia[xii].

En la era de la globalización, la Unión Europea continúa manteniendo su política de cierre de fronteras a la inmigración clandestina sin saber muy bien cómo enfocar el tema de aquellos inmigrantes que, de manera legal o ilegal, ya residen en sus territorios.

Las Consecuencias de las Políticas Migratorias Europeas

La inmigración ha pasado a ser un tema recurrente en las agendas políticas y los medios de información europeos y, a pesar de la gran atención que suscita, es una de las asignaturas pendientes de la UE que ha intentado en diferentes ocasiones introducir medidas al respecto pero, en cierto modo, se ha visto desbordada.

Esta impotencia se ha visto reflejada en el Tratado de Ámsterdam sobre política común en inmigración que debía estar preparado para el 2004 pero el plazo venció y no se consiguió nada, en gran parte debido al hecho de que los estados miembros no parecían estar dispuestos a ceder competencias en la materia.

Paradójicamente se ha llegado a más acuerdos y se ha avanzado mucho más en la lucha contra la inmigración ilegal mejorando la logística y el sistema de comunicaciones[xiii] y apoyando políticas de control de flujos que, a la larga, han demostrado ser poco efectivas, ya que, la frontera de la Unión Europea es cada vez más amplia y permeable.

Además, los controles desarrollados sobre la inmigración ilegal generan una serie de problemas de coste logísticos, tragedias humanas y aparición de mafias dedicadas al tráfico de personas.

A esto se le ha de sumar los distintos conflictos que surgen en la sociedad receptora a la hora de integrar a los recién llegados como el hecho de que se tiende a ver la inmigración como un fenómeno temporal y a los inmigrantes como figuras conflictivas, un peligro social a los que se relaciona con delincuencia y paro, aunque las estadísticas dejen entrever todo lo contrario.

Toma de Consciencia en Europa

Sólo recientemente Europa ha empezado a modificar su postura de no-integración debido a varios factores. Uno de estos factores es que paulatinamente se va tomando consciencia de que la inmigración no es un fenómeno temporal sino que permanecerá en la sociedad receptora indefinidamente, como así lo muestran las estadísticas.

"Si en 1950 los inmigrantes significaban el 1.5% de los europeos cuarenta años más tarde, en 1990, constituían alrededor del 4,0%"[xiv].

Es más, en el año 2006 se calculaba que había unos 18 millones de extranjeros no comunitarios residentes y se calculaba que existían otros 3 millones residiendo de manera irregular aunque la cifra no puede ser constatada dado el carácter de irregularidad de parte de esta población[xv].

A la misma vez, Europa ha comenzado a aceptar que tiene un serio problema con sus bajos índices de natalidad y con el hecho de que su población envejece lo cual, de seguir esta tendencia, puede desembocar en un descalabro de su Estado de bienestar.

Esta toma de consciencia ha desembocado en la introducción de una serie de medidas por parte de la Unión como que para el año 2009 se proyectó el Programa de la Haya del 2004 para la integración de los inmigrantes y la gestión equilibrada en la lucha contra la inmigración ilegal. En el año 2007, el Programa creó la Agencia Europea de Derechos Fundamentales (FRA) y respaldó la formación de un Fondo para la Integración de Emigrantes, un Fondo para los Retornos y un Fondo Europeo para los Refugiados[xvi] siendo la primera vez que la Unión Europea disponía de fondos para la integración de inmigrantes.

El Programa Estocolmo, que aboga por una mayor cooperación con terceros mientras contempla un procedimiento de asilo común y un sistema de distribución de refugiados que se repartan equitativamente aliviando así a aquellos países fronterizos, sustituirá al de la Haya en diciembre del 2009. Este programa supone un cambio en la agenda política de la Unión introduciendo los primeros pasos para enfocar seriamente la figura del refugiado.

Capítulo 4: España Frente a la Inmigración

En pocos años España ha pasado de ser un país de emigrantes a convertirse en paso fronterizo para la inmigración ilegal. Este cambio brusco e inesperado no ha sido fácil de asimilar para una población acostumbrada a ser la sociedad de origen y no la de destino.

Es sólo durante las últimas décadas que España ha tenido un saldo de inmigración positivo, es decir, entran más inmigrantes que emigrantes salen y para el año 2002 el país ya contaba con más de 1.3 millones de inmigrantes. A esta cifra habría que sumarles los inmigrantes entrados de manera irregular pero que difícilmente se pueden contabilizar.

Durante siglos, la historia de los movimientos migratorios en España estuvo marcada primero por los flujos de conquistadores, aventureros, misioneros y colonos hacia las entonces recientemente descubiertas tierras de América y después por las oleadas de emigrantes españoles hacia el Nuevo Mundo, oleadas que duraron hasta bien entrado el siglo XX.

La crisis económica mundial de 1929, la Guerra Civil Española (1936-1939) y la Segunda Guerra Mundial (1939-1945) obstaculizaron el flujo migratorio que volvería a resurgir con la política de puertas abiertas inaugurada por el régimen del General Francisco Franco a partir de 1946 con objetivo de controlar la densidad demográfica y deshacerse de elementos descontentos.

Esta política de puertas abiertas coincidió con una etapa de expansión industrial y económica en Latinoamérica, favoreciendo la salida de emigrantes españoles, aunque a partir de finales de los años cincuenta la emigración española reemplaza destinos tradicionales en Latinoamérica para convertirse en mano de obra de los países europeos más industrializados.

España como País Receptor de Inmigrantes

La tendencia emigratoria comienza a cambiar en los años 60 y 70 con la llegada a España de los primeros inmigrantes, en general, jubilados del norte de Europa en busca de ocio y sol y profesionales latinoamericanos que huían de represalias políticas o ciertas situaciones laborales en sus países de origen.

Hasta mediados de los años 80, el control llevado a cabo sobre los inmigrantes era escaso y los movimientos migratorios ni siquiera aparecían en las agendas políticas; no formaban parte de estudios y debates académicos ni estaban presentes en los medios de comunicación.

Fue a partir de mediados de la década de los ochenta cuando la inmigración en España comenzó a ser más visible y a caracterizarse por estar compuesta, principalmente, por ciudadanos africanos y latinoamericanos de clase media-baja en busca de mejoras económicas.

La Legislación Española en Materia de Inmigración

En cuanto a legislación se refiere, la década de los ochenta estuvo marcada por varios acontecimientos que influyeron poderosamente en la política migratoria española produciendo un giro de 180º en la misma.

En julio de 1985, se aprueba la Ley Orgánica sobre los Derechos y Libertades de los Extranjeros en España, llamada Ley de Extranjería, la cual constituía un intento por adaptar la normativa nacional a la de aquellos países miembros de la entonces CEE.

La nueva ley dejaba al descubierto lagunas legales, en parte debido a la inexperiencia de España como país receptor de inmigrantes, en parte al hecho de que la ley debía aprobarse en un tiempo record para cumplir con las expectativas europeas que exigían a España desarrollar una legislación sobre una cuestión que hasta ese momento había sido intrascendente como requisito para su entrada en la Comunidad que tendría lugar el siguiente año, 1986.

Además la ley traería consigo varias consecuencias como tensiones con los nacionales de terceros países ya residentes en territorio español[xvii], y el hecho de que, por primera vez, una ley conseguiría centrar la atención de la opinión pública española sobre un tema que hasta entonces había pasado totalmente desapercibido.

Otra consecuencia de la integración de España en la CEE fue que, por primera vez, se aplicarían medidas de control de flujos, contingentes y visados. En este sentido desde 1993 se acuerdan contingentes anuales[xviii] para emplear a trabajadores temporales siempre que exista necesidad de mano de obra.

Sin embargo, estos cupos se han tropezado con problemas de distinta índole como que el número de puestos ofrecidos resultaba insuficiente. A esto se le añade el hecho de que los trabajadores no pueden obtener el visado sin un contrato laboral y los empresarios no parecen estar muy dispuestos a contratar a una persona a la que no han podido entrevistar, ni siquiera conocer. Además, en España los permisos temporales se conceden por un plazo de tiempo muy corto lo que provoca que, una vez expirado el plazo, muchos inmigrantes decidan quedarse en territorio español pasando a engrosar la lista de ilegales.

Al comenzar la década de los noventa la inmigración ya se había convertido en uno de los temas favoritos de los medios de comunicación y en punto importante en todas las agendas políticas contribuyendo a que pasara a convertirse en un fenómeno social y una de las mayores preocupaciones del español medio.

Intentos de Integración de los Inmigrantes

El papel relevante de la inmigración en el debate social y político también ha traído consigo consecuencias positivas como que durante la década de los noventa la clase política española finalmente acepta la presencia de la inmigración en la sociedad. En consecuencia, se toman una serie de medidas destinadas no sólo a controlar los flujos migratorios sino también a integrar a los extranjeros residentes en territorio español.

Con este objetivo en mente, se adaptaron las Administraciones Públicas para hacer frente a esta problemática migratoria. Así, en 1991 se creó la Dirección General de Migraciones y al año siguiente, en 1992, se constituyó la Comisión Interministerial de Extranjería. En 1994 el Ministerio de Asuntos Sociales creó el Plan Interministerial para la Integración Social de los Inmigrantes con el objetivo de integrar a los inmigrantes residentes, desarrollar un mayor control en la entrada de ilegales y cooperar con los países de origen en materia migratoria. Parte del Plan consistía en crear un Foro de Inmigración[xix] y un Observatorio Permanente para la Inmigración que actuaría como órgano de consulta[xx].

En el año 2000, surgió el Programa Global de Regularización y Coordinación Extranjera y la Inmigración en España (GRECO) aprobado en el 2001 y con vigencia hasta 2004.

Aunque el Programa preveía la integración social de los extranjeros residentes y favorecía el establecimiento de un sistema de protección de los demandantes de asilo, también preveía el control de los flujos migratorios lo cual podría parecer irónico teniendo en cuenta que GRECO había sido creado, principalmente, para favorecer la integración de los inmigrantes.

La Legislación Española en la Década del 2000

En el año 2000, la Ley Orgánica 4/2000 surgió con el consenso político de todos los partidos y amparada por un informe del Congreso de 1996 en el cual se basó[xxi]. Por primera vez se tocó el tema de la necesidad de desarrollar una política de integración de inmigrantes y se otorgó derechos a los inmigrantes residentes.

Sin embargo, en el año 2000 se da marcha atrás y la más liberal y tolerante Ley 4/2000 se sustituye por otra más conservadora y restrictiva, Ley 8/2000, que retorna a la política de control de flujos y contingentes.

En el año 2004 entra en vigor la Ley 14/2003, la segunda reforma de la Ley 4/2000, que reforzaba la lucha contra la inmigración ilegal a través de la utilización de mecanismos de control en colaboración con la Unión Europea como el Programa Ulises de vigilancia en el Estrecho que comenzó a operar de manera experimental en el 2003 controlando las fronteras marítimas y el Sistema Intensivo de Vigilancia Exterior (SIVE) que controla el Estrecho y Canarias[xxii].

Esta ley también introduce nuevos aspectos como reforzar las sanciones a los traficantes de personas y a los transportistas y restringir las posibilidades de obtener permisos de residencia por parte de los ilegales ya residentes en territorio español aumentando de 3 a 5 años el tiempo de estancia necesario para poder acceder a procesos de regularización.

Además, en el año 2009 se puso en marcha el programa Sea Horse Network con financiación de la UE y de España y el cual introduce un sistema de comunicación por satélite entre España, Portugal, Senegal, Mauritania y Cabo Verde para facilitar el intercambio de información sobre inmigración ilegal[xxiii].

En la actualidad, los movimientos migratorios están regidos por la Ley 2/2009 que entró en vigor en el 2011. Esta ley es la cuarta reforma de la Ley de 4/2000 sobre derechos y libertades de los extranjeros en España y refuerza la lucha contra la inmigración ilegal a través de la utilización de mecanismos de control en colaboración con la Unión Europea.

Por otro lado, la Ley 2/2009 introduce nuevos aspectos como garantizar los derechos de los inmigrantes a través de la Constitución y acotar la reagrupación familiar al núcleo más cercano al inmigrante mientras busca la igualdad de géneros y recoge la necesidad de integrar a los residentes legales en España.

Aunque la nueva ley intenta adaptarse a la cambiante realidad sobre inmigración en España (sin conseguirlo), la realidad es que las administraciones públicas españolas se han visto desbordadas y poco preparadas para enfrentarse al fenómeno migratorio. En la actualidad, las Administraciones siguen careciendo de medios y personal especializado en un tema que hasta hace pocas décadas había pasado desapercibido pero que en los últimos años ha tomado tintes de fenómeno social y mediático invadiendo las agendas políticas.

A pesar de los intentos de adaptación y de los pasos dados en la dirección correcta todavía quedan muchos aspectos por cubrir y mucho camino que recorrer para alcanzar un mayor entendiendo del problema migratorio.

Capítulo 5: Problemas de Integración en España

A la sociedad española le ha costado adaptarse a su nuevo papel como sociedad receptora cuando tradicionalmente había sido una sociedad emigrante. La llegada masiva de inmigrantes, entre 1980 y 1990 hizo que la población inmigrada se duplicara y que España tuviera un saldo de migración positivo, es decir, entran más inmigrantes que emigrantes salen.

Durante la década de los noventa la presencia de inmigración comienza a ser evidente y llega justo cuando España comienza a desarrollar su Estado de bienestar el cual no había sido diseñado contando con los inmigrantes y ya entonces se veía desbordado con la necesidad de abastecer a una población nacional con graves deficiencias sociales[xxiv].

El hecho de tener que dedicar parte de los fondos públicos a la inmigración tuvo varias consecuencias como que la necesidad de invertir en un gasto que no había sido previsto ejerció aún más presión sobre el propio Estado de bienestar.

Otra consecuencia fue que la población autóctona viera a los inmigrantes como competidores directos no sólo por servicios sociales sino por puestos de trabajo.

Esto sumado a la desinformación de la mayoría de la opinión pública y la imagen exagerada ofrecida en ocasiones por los medios de comunicación, se ha traducido en la aparición de una serie de prejuicios desarrollados en torno a la figura del inmigrado.

Prejuicios en Torno a la Figura del Inmigrante

Uno de los prejuicios más extendidos hacia los inmigrantes es que roban los puestos de trabajo a los nacionales aunque la realidad es bien distinta. Diversos informes han apoyado la tesis de que los inmigrantes cubren los puestos que la población autóctona rechaza, o rechazaban antes de la actual crisis económica. Paradójicamente, esta creencia de que los extranjeros les roban puestos de trabajos a los españoles no se le aplica a aquellos nacionales de países desarrollados que son los que verdaderamente compiten laboralmente con los españoles.

Otra idea equivocada es la de creer que la presencia de inmigrantes en algunos sectores hace que los sueldos desciendan porque ellos están dispuestos a trabajar cobrando un salario muy bajo y careciendo de muchos derechos como cobrar horas extras, pluses o finiquitos.

Sin embargo, algunos sectores que tradicionalmente contratan mano de obra inmigrante han experimentado un incremento en su escala salarial.

Un prejuicio más hacia los inmigrantes es culparles de producir gastos a los servicios sociales, sanidad y educación. Es cierto que se ha tenido que invertir más dinero en diferentes áreas como servicios sociales y sanitarios; que se ha tenido (y se tiene) que adaptar el sistema educativo y aportar más medios humanos y materiales en la integración de niños que muchas veces no hablan el idioma y/o no han recibido ningún tipo de formación y que se ha planteado la problemática de carecer de una administración y servicios públicos con profesionales especializados en este área.

Pero por otro lado los inmigrantes aportan más a las arcas de la Seguridad Social de lo que gastan. Según la Oficina Económica del Gobierno "...los inmigrantes aportan el 7,4% del total de cotizaciones pero sólo perciben el 0,5 % del gasto de pensiones"[xxv].

Es más, en el año 2006 la Oficina Económica del Gobierno aportó otro dato significativo a través de informe que aseguraba que el 30% del crecimiento del Producto Interior Bruto (PIB) español durante la última década estaba estrechamente relacionado con el proceso migratorio[xxvi].

La presencia de inmigrantes también hace surgir el miedo a la pérdida de la identidad cultural e influye en la aparición de una preocupación por el posible choque de culturas que la inmigración pueda traer consigo.

En realidad este prejuicio está basado en el deseo de la población autóctona por mantener su status de superioridad y en el desconocimiento que se tiene de otras culturas.

Otra idea surgida alrededor de los inmigrantes es creer que los recién llegados tienen un nivel de estudios muy bajo aunque las estadísticas demuestren que gozan de un nivel social medio en sus países de origen y poseen un nivel de estudios igual al de la media de la sociedad española.

También se les culpa del aumento de la delincuencia aunque entre el 2002 y el 2006 el número de delitos cometidos en España descendió un 22% a la vez que la población inmigrante crecía un 85%[xxvii] datos que desmantelan la teoría de que la presencia de inmigrantes en un área determinada eleva el número de delitos.

En general se tiende a meter en el mismo saco a todos los inmigrantes, y socialmente se les rechaza a los dos por igual, a aquellos que residen de manera legal y a aquellos que han entrado de forma irregular.

La realidad es que aquel que reside de manera ilegal, además de ser rechazado socialmente, se encuentra en una situación de desamparo jurídico, laboral y social, situación negativa no sólo para él mismo sino también para la sociedad receptora.

La inmigración irregular presenta, en efecto, una problemática radicalmente diferente a la de la inmigración legalizada por su mismo carácter ilegal, que le impide integrarse en el sistema institucional propio del Estado de bienestar. Igualmente, constituye, por su condición laboral de esclavitud, especificidad que, con harta frecuencia suele pasarse por alto incluso cuando se habla de justicia social, de procesos de integración y de marcos democráticos de convivencia[xxviii].

Proceso de Integración

España tiene aún que superar la asignatura pendiente de la multiculturalidad y conseguir integrar a los inmigrantes respetando sus costumbres y reconociendo que el país de acogida se puede enriquecer con la llegada de foráneos. En última instancia, la identidad cultural no se perdería porque la sociedad dominante, en este caso la sociedad de acogida, tiende a "absorber" a los llegados de fuera.

En un proceso normal de adaptación, en primer lugar los inmigrantes intentarán integrarse aunque algunos no lo conseguirán debido al rechazo social, viéndose encaminados hacia círculos formados por personas de su misma cultura.

Esta decisión traerá consigo una serie de consecuencias como que se acabe viviendo en una especie de sub-sociedad de espaldas a la sociedad receptora, reduciendo las posibilidades de integración y creando, a la misma vez, roces con la sociedad dominante. Además, esta actitud desemboca en el hecho de que los hijos se eduquen en círculos minoritarios ajenos a la sociedad donde tendrán que desenvolverse el resto de sus vidas pudiendo no ser capaces de adaptarse y sentirse como ciudadanos de segunda categoría lo cual también puede desembocar en tensiones con el resto de la sociedad.

> Puede ocurrir... que se desarrollen procesos por los que esas comunidades tiendan a formarse, haciendo crecer las relaciones internas del grupo mientras disminuyen las relaciones de sus miembros con el resto de la sociedad. Los vínculos entre las personas inmigradas del mismo origen crecen en la misma medida en que se van haciendo conscientes de las dificultades de su integración en la sociedad receptora, y es así como se desarrollan ciertas tendencias a la formación de minorías o comunidades étnicas[xxix].

La situación hará que tome forma un proceso de quiebra cultural con aquellos otros inmigrantes que sí consiguen integrarse los cuales mantendrán algunas de sus costumbres, hábitos, idioma y tradiciones pero la presión de la sociedad dominante hará que estas costumbres y tradiciones queden subordinadas a un segundo lugar y que al final el inmigrante acabe "captado" por la sociedad receptora a la que se tendrá que amoldar. Esta realidad es más patente en las segundas generaciones que crecerán y se educarán en la sociedad de acogida, desvinculados de la cultura y costumbres de sus progenitores.

Aceptación Gradual de los Inmigrantes

El continuo aumento de la inmigración durante los últimos años ha contribuido a que la clase política española, y la sociedad en general, sea cada vez más consciente de que los inmigrantes han venido para quedarse.

Esta conclusión puede ser respaldada examinando las cifras de aceptación de la inmigración entre la población española. De este modo, aunque según datos del Centro de Investigaciones Sociológicas (CIS) en noviembre del 2005 el 38,1% de los españoles colocaba a la inmigración como el segundo problema que más afectaba al país, en el año 2009 en parte debido a una mayor aceptación de los inmigrantes y en parte gracias a que la actual crisis económica ha desviado la atención del asunto, la inmigración era vista como el principal problema que afectaba a España solamente por un 1,5% de los encuestados[xxx].

La inmigración también ha contribuido a que el pasaje de España haya experimentado un gran cambio y a que se haya introducido más medidas sociales, educativas, sanitarias, urbanísticas, sin contar con la visión cosmopolita y multicultural de sus calles.

Además, en los últimos años también se ha tomado consciencia de que España necesita inmigración debido a ciertas características de su sociedad como el hecho de que su población envejece. En el año 2000, un informe de la División de Población de las Naciones Unidas sugería que la edad media de los españoles hacia el año 2050 será de 54,3 años, 16 años más que la media mundial[xxxi].

A pesar de que la sociedad española y sus dirigentes van tomando consciencia de la importancia de integrar a los inmigrantes residentes y de que varios procesos de regularización han sido llevados a cabo. Las leyes españolas distan mucho de ser favorecedoras con la inmigración. Incluso, en algunas ocasiones como en el caso de los refugiados, han demostrado ser más restrictivas que aquellas de muchos países de su entorno que poseen más experiencia en cuanto a refugiados se refiere como es el caso del Reino Unido.

Capítulo 6: La Figura del Refugiado en la Unión Europea y España

En Europa se tiende a pensar que los refugiados tienen como destino países industrializados pero los países industrializados sólo acogen un 27% de los refugiados, mientras que los países del tercer mundo hacen lo propio con un 73%[xxxii].

Aunque la UE ha pasado alguna que otra medida favorecedora con los refugiados, como la creación del Fondo Europeo para los Refugiados en el año 2000[xxxiii], las líneas de actuación de la Unión en materia de asilo han sido siempre conservadoras y un tanto inflexibles.

El Tratado de Schengen (posteriormente ratificado por el Tratado de Dublín) introdujo el concepto de "tercer país seguro" según el cual aquellos refugiados que soliciten asilo en un país de la Unión después de haber atravesado otro estado miembro, serán devueltos al primero al considerarse éste un país seguro y en el cual el refugiado tenía la oportunidad de solicitar refugio aunque no le aten lazos de cultura o idioma. Esta medida se traduce en una reducción de las posibilidades de asilo del refugiado.

Por otro lado, el Tratado de Tampere de 1999 debía sentar las bases para una política común en materia de asilo e instaba a un trato digno a los nacionales de terceros países. Sin embargo, Tampere también seguía insistiendo en el control de los flujos migratorios y, con el tiempo se ha avanzado más en cuestiones relacionadas con el control de desplazamientos que en temas relacionados con la integración y cooperación con terceros países[xxxiv].

Los refugiados en España

En cuanto a España, en 1977 se adhirió a la Declaración Universal de los Derechos Humanos la cual, en su Artículo 14, estipula "la prohibición de devolver a una persona a cualquier territorio donde su vida o libertades puedan estar amenazadas."[xxxv]

Desde entonces, y aunque se han tomado una serie de medidas enfocadas en la figura del refugiado como, por ejemplo, la creación en julio de 1988 de centros de acogida de refugiados a través del Instituto de Migraciones y Servicios Sociales, la evolución de la política española respecto al asilo no sólo ha sido tremendamente excluyente sino escandalosamente inflexible.

A la misma vez que se adaptan las Administraciones y servicios y se pasan políticas de integración, se siguen apoyando medidas restrictivas como la Ley de Asilo de 1994 que exige la salida del país de inmigrantes que hayan sido rechazados y suprime la figura del refugiado.

Aunque a través de esta Ley se suprime el requisito de residencia para recuperar la nacionalidad española a los emigrantes y sus hijos lo cual facilita el retorno de los españoles emigrantes, a la misma vez, y tomando esta ley como base, se rechazarían al 95% de las solicitudes de asilo presentadas[xxxvi]. Más recientemente, en el año 2006 el gobierno español aprobó menos del 8% de las solicitudes de asilo aceptadas a trámite[xxxvii].

Por añadidura, la falta de experiencia en el tema y la incapacidad de las administraciones para canalizar esta problemática, queda patente observando la situación con la que se encuentra el posible refugiado cuando llega a España.

A su llegada además de toparse con una Administración inflexible en materia de asilo, los inmigrantes llegan desinformados sobre el procedimiento a seguir[xxxviii] no recibiendo ningún tipo de directrices sobre cómo, cuándo, dónde ni bajo qué circunstancias se puede solicitar refugio.

En definitiva, la política española en materia de asilo se ha basado en rechazar sistemáticamente la mayoría de las solicitudes presentadas y, en alguna ocasión, dar preferencia a determinados perfiles, generalmente profesionales que poseen conocimientos demandados en el país de destino.

Capítulo 7: El Caso Canario

Históricamente las Islas Canarias han sido un área estratégica de cruces de culturas y punto de partida hacia América. Su situación geográfica las convierte, además, en la entrada a Europa desde África.

La sociedad canaria siempre se caracterizó por su tendencia emigratoria. Así, a finales del siglo XIX y principios del siglo XX se produjeron oleadas de emigrantes canarios hacia distintos países de América. Este carácter emigratorio de la población canaria comenzó a sufrir alteraciones durante los 60 y 70 cuando el "boom" turístico y la mayor estabilidad económica en el Archipiélago convirtieron a Canarias en destino de jubilados de renta media-alta llegados del Centro y Norte de Europa.

Este fenómeno contribuyó al aumento de la inmigración[xxxix] y causó un efecto llamada sobre miles de emigrantes canarios que deseaban retornar a sus raíces.

Ya en los años ochenta Canarias, como el resto del territorio español, empieza a acusar la entrada de inmigrantes. Este hecho se hace aún más patente en la década de los noventa cuando a las costas canarias comienzan a llegar pateras cargadas con inmigrantes ilegales, la primera de las cuales llega en 1994 con dos viajantes a bordo.

De esta manera, el perfil del inmigrante en Canarias pasa de ser el del europeo de edad media y renta media-alta en busca de sol y ocio, al del africano de clase media-baja y nivel de estudio también medio-bajo en busca de mejoras económicas.

La Inmigración en Canarias en el Siglo XXI

El cambio de milenio trajo consigo la llegada continua e incesante de embarcaciones ilegales las cuales provocaron problemas de diversa índole como la aparición de mafias dedicadas al tráfico de personas o el fomentar involuntariamente la presencia de redes de explotación humana.

La sociedad canaria también ha sido testigo de tragedias humanas y ya en el 2006 se calculaba que más de 900 personas habían muerto intentando alcanzar las costas canarias[xl]. A estas desgracias hay que añadir una serie de duelos por los que han de pasar los inmigrantes (duelo por la familia, duelo por el idioma, la cultura, la tierra)[xli] y la situación de desamparo legal, social y económico en el que se encuentran parte de los inmigrantes ilegales que se ven a sí mismos vagando por las calles y cayendo en delincuencia y drogadicción.

Un problema más surgido al amparo de la inmigración es la aparición de una economía sumergida de efectos negativos para las Islas ya que provoca, entre otras cosas, una mayor segmentación del mercado laboral. Ya en 1987, los sindicatos estimaban que la economía sumergida de las Islas suponía el 25% de la actividad productiva del Archipiélago[xlii].

Las Islas también tienen que afrontar la integración de unos inmigrantes que han venido para quedarse. El hecho de que la opinión pública canaria no estuviera preparada para la oleada de inmigración que ha tenido lugar durante la última década del siglo XX y la primera del siglo XXI, ha contribuido al hecho de que aún una gran parte de la sociedad canaria tenga, en mayor o menor medida, prejuicios contra los inmigrantes.

Por otro lado la situación en Canarias es un tanto diferente que en el resto de España y la afirmación de que los inmigrantes compiten por trabajos con los trabajadores autóctonos no es del todo incierta en este caso. La economía del archipiélago está basada en los sectores agrícola, hostelero, de servicios y construcción; sectores donde la presencia de mano de obra inmigrante es significativa. Este hecho no facilita su integración e influye en que muchos canarios opinen que se debería adoptar un mayor control sobre los flujos migratorios.

Además, se tiende a ver a los inmigrantes como los causantes de un agujero económico en el estado de bienestar aunque las estadísticas muestren que los inmigrantes aportan más dinero al Estado del que se invierte en ellos, por ejemplo a través de contribuciones a la Seguridad Social.

A los problemas sociales surgidos en torno al movimiento migratorio, se ha de sumar el hecho de que la inmigración ha cogido por sorpresa no sólo a la sociedad canaria sino también a unas Administraciones públicas que no estaban acostumbradas a flujos migratorios del calibre de los acontecidos en las últimas décadas.

La Legislación Canaria sobre Inmigración

El Gobierno de Canarias ha tenido que adaptarse a las circunstancias desarrollando una serie de medidas para hacer frente a la llegada de inmigrantes como el constituir, en 1998, el Observatorio para el Empleo y la Formación en Canarias, OBECAN, adscrito a la Consejería de Empleo y Asuntos Sociales desde el año 2000 y enfocado en investigaciones y análisis del mercado laboral, incluyendo la integración de los inmigrantes en el mercado de trabajo[xliii].

En el año 2000, también se establecería el Foro Canario de la Inmigración también bajo la dirección de la Consejería de Empleo y Asuntos Sociales[xliv], mientras que, en el 2006 se constituye el Plan Canario para la Inmigración con vigencia desde el año 2005 hasta el 2008. Este Plan está adscrito a la Vice-consejería de Asuntos Sociales e Inmigración y tiene como objetivo principal promover y mejorar proyectos institucionales en los países de origen de la inmigración ilegal.

Sin embargo, Canarias como el resto del territorio nacional, ha tendido hacia una línea de actuación poco abierta en temas migratorios exigiendo al Gobierno central controles sobre la inmigración ilegal. Como resultado, en el año 2002 comienza a funcionar el Sistema de Vigilancia Exterior (SIVE) y ese mismo año, las repatriaciones en el Archipiélago ya se contabilizaban en más de 200 diarias[xlv].

En el 2006, mientras el Gobierno de Canarias solicitaba al gobierno español que tratase la inmigración como un asunto de Estado debido al creciente número de llegadas de inmigrantes ilegales[xlvi], se blindaban las fronteras de Ceuta y Melilla, se intensificaba la vigilancia en el Estrecho y se llegaba a acuerdos con Marruecos para el control de las salidas en sus costas. Esta política no resultó ser muy efectiva y la consecuencia fue que las pateras se convirtieron en cayucos de mayor tamaño y resistencia, mientras que, los puntos de salidas se trasladaron a países más alejados como Senegal.

El Gobierno canario reaccionó desarrollando una serie de iniciativas para frenar la llegada masiva de cayucos como la petición de ayuda económica traducida en medios humanos y logísticos a la Unión Europea y la celebración de una Conferencia Euro-Africana sobre Cooperación e Inmigración[xlvii].

También en el año 2006 se aprueba el Plan África que incluía la firma de acuerdos de repatriación con Senegal, Costa de Marfil, Malí, Camerún, Nigeria y Ghana; el refuerzo de las representaciones diplomáticas en Marruecos; la apertura de nuevas oficinas consulares en Malí, Sudán y Cabo Verde; el establecimiento de oficinas de cooperación internacional en Malí, Cabo Verde y Etiopía; la dotación de un plan para cooperación al desarrollo mientras se intensificaba la presión sobre Senegal para un mayor control de sus costas que ahora servían como punto de partida de irregulares hacia Canarias y el incremento de la vigilancia y las patrullas en las aguas cercanas a Canarias y en las costas de África. En el año 2009 se aprobó el Segundo Plan África que estará en vigor hasta el año 2012.

En el 2006 también se creó el Centro de Coordinación Regional de Canarias para la coordinación de las Administraciones que colaboran en el control de las aguas periféricas mientras se desarrollaban operaciones de patrullas en el Estrecho de Gibraltar y en Canarias conocidas con los nombres de HERA I, II y III y, más adelante HERA 2008[xlviii].

Dos años después, en el 2008, el Ministerio del Interior firmó acuerdos con Gambia, Guinea Conakry y Guinea Bissau para cooperación en la vigilancia de sus aguas por tiempo indefinido lo que le autoriza a España a llevar a cabo patrullas marítimas y aéreas sobre las aguas de estos países con el objetivo de controlar la inmigración ilegal.

La Situación Actual del Inmigrante en Canarias

El control de flujos no ha resultado ser muy eficaz y, según el Instituto Sociológica de Canarias (ISTAC), en 1992 había menos de 40.000 extranjeros residentes en Canarias mientras que en el año 2000 ya eran casi 78.000. En menos de una década la cifra prácticamente se duplicó[xlix].

En el año 2007, en parte por la intensificación y la mayor dotación de medios que se le otorgó al FRONTEX y en parte por la llegada de información sobre el empeoramiento de la situación económica en Europa, la llegada de embarcaciones disminuyó de 23,000 inmigrantes[l]. Aún así se calcula que desde 1994 hasta principios del año 2009, alrededor de 90.000 personas (6.000 menores) han alcanzado las costas de Canarias[li].

En el año 2009 se ha dado la situación de que las Islas estuvieron varios meses sin recibir pateras y que los Centros de Internamiento de Extranjeros (CIE) se encontraban a sólo 4,3% de su capacidad. Según el Ministerio de Trabajo e Inmigración, durante los seis primeros meses del 2009 llegaron a las costas canarias un 63,6% de inmigrantes menos que en el año anterior, 2008[lii].

En la actualidad, la inmigración en Canarias no puede considerarse como un hecho poco significativo o temporal ya que, desde 1996 ha crecido considerablemente y se espera que siga esta tendencia a la alza. Mientras en el año 1998 había 68.848 extranjeros con tarjeta de residencia en Canarias, diez años después el número casi se multiplicó por cuatro ascendiendo a 223.972[liii].

También hay que tener en cuenta que mientras en 1986 había 1.466.391 extranjeros empadronados en los patrones municipales de Canarias, en el año 2008 esta cifra aumentó a 2.075.968[liv].

El aumento de la inmigración hace que las Islas Canarias tengan que enfrentarse a varios retos. Uno de ellos es la cuestión de sus dimensiones geográficas lo cual provoca que el Archipiélago esté destinado a tener un problema de sobrepoblación lo que haría necesario la introducción de medidas enfocadas a la libre circulación de personas con el objetivo de salvaguardar el desarrollo sostenible de las islas. Según las estadísticas de los últimos 20 años, y en gran parte debido a la inmigración, la población canaria ha experimentado un crecimiento del 15% de la población[lv] aunque ello no ha evitado que la población siga envejeciendo.

Otro reto es el de conseguir la integración social de unos ciudadanos que han venido para quedarse. Tarea difícil si se tiene en cuenta que en el año 2008, el 49% de la población canaria colocaba a la inmigración como el principal problema del Archipiélago[lvi].

Por último, se debe lograr una mayor adaptación y capacidad de reacción de las administraciones públicas canarias para hacer frente a un fenómeno que seguirá creciendo en la medida que las diferencias socioeconómicas entre los países industrializados y los llamados países del Tercer Mundo sigan estando presentes.

Capítulo 8: Conclusión

Los movimientos migratorios han estado presentes a lo largo de la historia y casi siempre provocados por las mismas circunstancias como conflictos bélicos, desigualdades sociales entre los países de origen y destino o persecuciones políticas y religiosas. Sin embargo, nunca hasta ahora la inmigración había ocupado un lugar tan privilegiado en las agendas políticas y en los medios informativos de un buen número de países.

En los países industrializados se tiende a pensar que la inmigración es un problema reciente y que afecta solamente a los países más ricos.

Sin embargo, la realidad dista mucho de esta afirmación y nos muestra a la inmigración como un fenómeno global y extendido en el tiempo aunque es verdad que Europa ha pasado de ser un área acostumbrada a migraciones dentro de su propio continente a una zona receptora de inmigración, muchas veces clandestina, llegada de países de fuera de sus fronteras.

A la sociedad europea, así como a sus dirigentes, les resulta difícil adaptarse a su recién estrenado papel de receptor de migración y sus instituciones se han visto muchas veces desbordadas ante la problemática de desarrollar unas directrices coherentes en esta materia.

Tradicionalmente, los países que componen la actual Unión Europea han reaccionado ante la inmigración aprobando legislaciones enfocadas a controlar los flujos migratorios ilegales olvidándose muchas veces de dedicar más esfuerzo a integrar a aquellos ciudadanos de terceros países que ya residen dentro de sus fronteras creando, de este modo, un vacío legal, político y social a su alrededor que no beneficia ni a estos ciudadanos ni a la propia sociedad europea.

También se ha tendido a no analizar profundamente las causas que provocan estos movimientos migratorios no siendo capaces de ver, de esta manera, que los movimientos migratorios ilegales han de ser tratados desde su origen, no sólo su destino.

La Unión Europea, que en muchas otras cuestiones ha demostrado un talante liberal y una gran capacidad de llegar a consensos entre sus estados miembros, cuando se trata de inmigración ha sido incapaz de materializar acuerdos que favorezcan la integración y acepten que este fenómeno no es algo temporal y que es necesario asimilarlo enfrentándose a él de otra manera.

Por el contrario, parece que la Unión ha conseguido alcanzar un mayor entendimiento sobre legislaciones enfocadas hacia la llamada "lucha contra la inmigración ilegal" destinando fondos a medios tecnológicos y humanos dirigidos al control de flujos migratorios; forzando a los países fronterizos a aplicar una mayor vigilancia en sus fronteras; aprobando leyes restrictivas sobre concesiones de visados y asilo; y llegando a acuerdos de readmisión con terceros países a cambio de ayudas económicas o bajo amenaza de retirada de esta ayuda.

La línea de actuación del gobierno español no dista mucho de la desarrollada por la Unión Europea. España se ha visto desbordada por las circunstancias pasando en pocos años de ser un país de emigrantes a ser uno de los principales destinos de inmigración y una de las fronteras sur de Europa. Así, las autoridades españolas se han tenido que enfrentar a oleadas de inmigrantes ilegales que pretendían cruzar hacia Europa a través de algunos puntos de la frontera ibérica.

Este hecho ha cogido por sorpresa a un país que, en el momento de las primeras llegadas masivas de inmigrantes, comenzaba su despegue industrial y su Estado de bienestar empezaba a desarrollarse. Como consecuencia, la sociedad española no ha asimilado muy bien este fenómeno y, al igual que en el resto de Europa, se tiende a ver al inmigrante como un peligro para el Estado de bienestar y una amenaza para la conservación de la identidad cultural.

A la misma vez, las Administraciones Públicas se han visto desbordadas y poco preparadas careciendo de medios y personal especializados en el tema y, aunque con el paso de los años las Administraciones se han ido adaptando poco a poco a la nueva realidad, aún queda mucho camino por andar.

El caso de Canarias es muy similar siendo una de las regiones europeas más afectadas por las llegadas de inmigrantes provenientes principalmente del continente africano.

A la sociedad canaria, por otra parte, le ha tocado vivir el papel de espectador de lujo del fenómeno de la inmigración clandestina observando cómo cientos de embarcaciones llegan a sus costas, siendo testigo de tragedias humanas y de situaciones de total desamparo de grupos de inmigrantes ilegales que vagan por sus calles sin rumbo definido.

Aún hoy en día la inmigración es la asignatura pendiente tanto de la Unión Europea como de España que siguen siendo incapaces de desarrollar legislaciones que se adapten a la realidad actual de que los inmigrantes han venido para quedarse. Aún no se ha tomado plena consciencia, aunque comiencen a darse los primeros pasos al respecto, de que la política de cierre de fronteras desarrollada hasta ahora por España, y por el resto de la Unión Europea, ha resultado ser muy poco efectiva y de que es necesario integrar a los inmigrantes ya residentes que, en la actualidad, contabilizan el 10% de la población española.

De no ser así, se correrá el riesgo de permitir que estos ciudadanos no gocen de los mismos derechos cuando sí cumplen con las mismas obligaciones como contribuir a las cotizaciones de la Seguridad Social o pagar impuestos. A la misma vez que aparecen una serie de perjuicios debidos, principalmente, a la falta de información y desconocimiento de otras culturas.

Por añadidura se ignoran los beneficios que los movimientos migratorios traen consigo como la aportación de mano de obra al mercado laboral de la sociedad de acogida; las aportaciones de los inmigrantes en forma de impuestos y cotizaciones a la Seguridad Social lo cual junto con el aumento de la tasa de natalidad y rejuvenecimiento de la población, también llegados con la inmigración, son necesarios para poder mantener el nivel del Estado de bienestar; el enriquecimiento cultural que supone la presencia de foráneos y el dinamismo de las políticas y proyectos sociales.

En cuanto a la otra orilla, los países de origen, también se ven beneficiados por los movimientos migratorios, ya que, la inmigración puede aliviar la presión demográfica de algunos países, beneficiando a su economía a través de las remesas enviadas por aquellos aventureros que se atreven a buscar un futuro mejor lejos de sus hogares de origen.

En última instancia, tanto unos como otros deben aceptar que mientras sigan habiendo guerras, persecuciones políticas o religiosas y, sobretodo, mientras las desigualdades entre los países ricos y pobres sigan estando presentes, los movimientos migratorios seguirán produciéndose porque el sueño por alcanzar las costas de un país que pueda sacarles de la miseria en la que habitan o salvarles de persecuciones políticas y ofrecerles un futuro mejor, seguirá animando a muchos a alcanzar ese sueño aunque sea a riesgo de perder sus vidas.

BIBLIOGRAFÍA

Libros

Achotegui, J., <u>La Depresión En Los Inmigrantes: Una Perspectiva Transcultural</u>. Barcelona: Ediciones Mayo, S.A., 2002

Alonso Olea, M. et Al., <u>España Y La Unión Europea: Las Consecuencias Del Tratado De Maastricht</u>. Valencia: Editorial Plaza y Janes y Círculo de Lectores, 1992.

Cachón Rodríguez, L., <u>La "España Inmigrante": Marco Discriminatorio, Mercado De Trabajo Y Políticas De Integración</u>. Barcelona: Anthropos Editorial, 2009

Domínguez Mujica, J., <u>La Inmigración Extranjera en la Provincia de Las Palmas. Cuadernos Canarios de Ciencias Sociales.</u> Las Palmas de Gran Canaria: Centro de Investigación Económica y Social de Canarias, 1996

Guerra Talavera, R. y Pérez García, T., <u>La Inmigración Latinoamericana En La Provincia De Las Palmas En El Cambio De Siglo</u>. Las Palmas de Gran Canaria: Cabildo de Gran Canaria, 2006

Hernández, C., En Tránsito: Sub-saharianos en Canarias. Las Palmas de Gran Canaria y Santa Cruz de Tenerife: Ediciones Idea, 2005.

Hernández González, M., Canarias: La Emigración Canaria a América a través de la Historia. Santa Cruz de Tenerife: Cabildo de Tenerife, Ayuntamiento de Tenerife y Centro de la Cultura Popular Canaria, 1995

Izquierdo, A., La Inmigración Inesperada, La Población Extranjera En España (1991-1995). Madrid: Editorial Trotta, 1996.

Noll, G., Negotiating Asylum: The UE Acquisitions, Extraterritorial Protection and the Common Market of Deflection. Martinus Njhoff, Ed., The Hague: The Raoul Wallenberg Institute of Human Rights Library, 2000.

Pajares, M., La Inmigración En España: Retos Y Propuestas. Barcelona: Icaria Editorial S.A., 1998.

Palazón Ferrando, S., Capital Humano Y Desarrollo: Evolución, Causas Y Características Del Flujo Migratorio. Valencia: Textos Universitarios, Instituto de Cultura "Juan Gil-Albert", 1995.

Pérez Rodríguez, M., La Entrada y el Establecimiento de Extranjeros en Canarias. Santa Cruz de Tenerife: Cabildo de Tenerife y Centro de la Cultura Popular Canaria, 1991.

Ruis Sant, X., El Libro de la Inmigración en España: Historia, Legislación, Política y Debate Social desde el Franquismo hasta Nuestros Días. Madrid: Editorial Almuzara, S.L. 2007

Ruiz Olabuénaga, J.L., Ruiz Vieytez, E.J. y Torrado, V., Los Inmigrantes Irregulares En España: La Vida Por Un Sueño. Bilbao: Universidad de Deusto, 1999

Zapata Hernández, V., El Conocimiento del Fenómeno Inmigratorio en Canarias: Perspectiva Científica y Preocupación Institucional. Santa Cruz de Tenerife: Fundación Pedro García Cabrera, 2007
VVAA, "Ciclo de Conferencias". Canarias Siglo XX. De la Emigración a la Inmigración: Un Análisis Económico. Salvador Miranda Calderón (ED.). Las Palmas de Gran Canaria: Real Sociedad Económica de Amigos del País de Gran Canaria, 2002.

VVAA, El Extranjero en la Cultura Europea de Nuestros Días. Bilbao: Universidad de Deusto, 1997.

VVAA., Flujos Migratorios Subsaharianos hacia Canarias-Madrid. Antonio Marquina (Ed.). Madrid: UNISCI- Unidad de Investigación sobre Seguridad y Cooperación Internacional, 2008.

VVAA., "Informe 2002". Políticas Sociales y Estado de Bienestar en España: Las Migraciones. Claudia Clavijo y Mariano Aguirre, (Eds.). Madrid: Fundación Hogar del Empleado, 2002

VVAA, Inmigración en Canarias: Contexto, Tendencias y Retos. Santa Cruz de Tenerife: Fundación Pedro García Cabrera, 2003.
VVAA., La Inmigración: Modelos y Perspectivas. J.J. Cruz (Coord.). Las Palmas de Gran Canaria y Santa Cruz de Tenerife: Ediciones Idea, 2009.

Organismos Públicos y Organizaciones No Gubernamentales

Colectivo IOÉ. Inmigración y Ciudadanía, España en el Contexto de las Migraciones Internacionales. Madrid: Editorial Fundamentos, 2003.

Comisión Española de Ayuda al Refugiado. Segundo Libro Blanco de la Integración Sociolaboral de Refugiadas, Refugiados e Inmigrantes. Ciudadanía y Derechos Humanos. Madrid: Editorial Entinema, 2008.

Comisión Española de Ayuda al Refugiado. Manual de Procedimientos de Asilo en España. Servicio Jurídico de la Comisión Española de Ayuda al Refugiado (Cear). Madrid: Editorial Entinema, 2002.

Comité de Expertos sobre Población e Inmigración en Canarias, Informe sobre Población e Inmigración en Canarias. Las Palmas de Gran Canaria, 2003.

Gobierno de España. Consejo Económico y Social. Informe sobre la Inmigración y el Mercado Laboral en España. Colección de Informes. Madrid, 2004.

Gobierno de España. Ministerio de Trabajo y Asuntos Sociales. Actitudes Hacia los Inmigrantes. Madrid: Observatorio Permanente De La Inmigración. Ministerio De Trabajo Y Asuntos Sociales, Instituto De Migraciones Y Servicios Sociales. Asep-Análisis Sociológicos, Económicos Y Políticos, S.A., 1998.

Periódicos

Canarias7, www.canarias7.es

El País, www.elpais.com

La Provincia- Diario de Las Palmas,
www.laprovincia.es

El Mundo, www.elmundo.es

Recursos Electrónicos

Centro de Investigaciones Sociológicas, www.cis.es

The United Nations Refugee Agency (ACNUR),
www.unhcr.org

Instituto Nacional de Estadísticas (INE), www.ine.es

Gobierno de Canarias: Instituto Canario de Estadística, www.gobiernodecanarias.org/istac

Gobierno de Canarias: Observatorio Canario del Empleo y la Formación Profesional (OBECAN). www.gobiernodecanarias.org

The European Union On-Line, www.europa.eu

NOTAS

[i] VV.AA., Inmigración en Canarias: Contexto, Tendencias y Retos (Santa Cruz de Tenerife: Fundación Pedro García Cabrera, 2003), pag.13.

[ii] VV.AA. Inmigración en Canarias: Contexto, Tendencias y Retos (Santa Cruz de Tenerife: Fundación Pedro García Cabrera, 2003), pág. 66.

[iii] VV.AA. "Informe 2002". Políticas Sociales y Estado de Bienestar en España: Las Migraciones. Claudia Clavijo y Mariano Aguirre, Eds. (Madrid: Hogar del Empleado, 2002), pág. 51.

[iv] VV.AA. El Extranjero en la Cultura Europea de Nuestros Días (Bilbao: Universidad de Deusto, 1997), pág. 284.

[v] En 1986 el Grupo de Trevi fue sustituido por el Grupo Trevi III para el control del tráfico de drogas. En 1992, las funciones del Grupo de Trevi fueron incorporadas al Tratado de la Unión Europea (Maastricht) que entró en vigor en 1993.

[vi] VV.AA. El Extranjero en la Cultura Europea de Nuestros Días (Bilbao: Universidad de Deusto, 1997), pág. 296.

[vii] Gregor Noll, Negotiating Asylum: the European Union Acquisition, Extraterritorial Protection and the Common Market of Deflection. Martinus Njhoff, Ed. (The Hague: The Raoul Wallenberg Institute for Human Rights Library, 2000), pag. 98.

[viii] VV.AA. "Informe 2002", Políticas Sociales y Estado de Bienestar en España: Las Migraciones. Claudia Clavijo y Mariano Aguirre, Eds., (Madrid: Fundación Hogar del Empleado, 2002), pág. 281.

[ix] Colectivo IOÉ, Inmigración y Ciudadanía: España en el Contexto de las Migraciones Internacionales (Madrid: Editorial Fundamentos, 2003), pág. 67.

[x] VV.AA. Flujos Migratorios Subsaharianos hacia Canarias-Madrid. Antonio Marquina, Ed. (Madrid: UNISCI- Unidad de Investigación sobre Seguridad y Cooperación Internacional, 2008), pág. 227.

[xi] Ibíd., pág. 228.

[xii] VV.AA. Flujos Migratorios Subsaharianos hacia Canarias-Madrid. Antonio Marquina, Ed. (Madrid: UNISCI- Unidad de Investigación sobre Seguridad y Cooperación Internacional, 2008), pág. 271.

[xiii] VV.AA., Inmigración en Canarias: Contexto, Tendencias y Retos (Santa Cruz de Tenerife: Fundación Pedro García Cabrera, 2003), pág. 47.

[xiv] VV.AA. El Extranjero en la Cultura Europea de Nuestros Días (Bilbao: Universidad de Deusto, 1997), pág. 50.

[xv] Raquel Guerra Talavera y Tanausú Pérez García, La Inmigración Latinoamericana en la Provincia de Las Palmas en el Cambio de Siglo. (Las Palmas de Gran Canaria: Cabildo de Gran Canaria, 2006), pág. 56.

[xvi] European Union Web Pages, www.europa.eu/legislation_summaries/.../16002_es.htm.

[xvii] La llamada Ley de Extranjería anularía un decreto de 1969 que otorgaba a filipinos, andorranos, portugueses y latinoamericanos los mismos derechos laborales que a los españoles y afectaría la situación de miles de marroquíes, muchos de ellos trabajadores temporales a los que hasta ese momento no se le exigía visado y que ya estaban asentados en España.

[xviii] Estos contingentes no se aplicarían en los años 2000 y 2001 debido a que tuvieron lugar dos procesos de regularización extraordinarios que ya cubrieron las necesidades de mano de obra extranjera durante esos años.

[xix] Constituido por la Administración, diversas ONGs, sindicatos y asociaciones de inmigrantes y posteriormente renombrado Foro para la Integración Social de los Inmigrantes.

[xx] VV.AA. "Informe 2002", Políticas Sociales y Estado de Bienestar en España: Las Migraciones. Claudia Clavijo y Mariano Aguirre, Eds., (Madrid: Fundación Hogar del Empleado, 2002), pág. 150.

[xxi] Colectivo IOÉ, Inmigración y Ciudadanía: España en el Contexto de las Migraciones Internacionales (Madrid: Editorial Fundamentos, 2003), pág. 153.

[xxii] The European Union Web Pages, www.europa.eu.

[xxiii] La Provincia On-line: Regional. www.laprovincia.es, 7 de Enero del 2009.

[xxiv] El sistema de Seguridad Social se estableció en España en 1963 y se reformó en 1972. A mediados de los años 70 se invertí casi tres veces menos en gastos sociales que en la media de los países europeos. Aún en el año 2000, la pensión media española era más baja que la mayoría de países europeos y mientras que España gastaba en ese año el 8,7% y el 5,8% de su producto interior bruto en pensiones sociales y sanidad pública, respectivamente, la media en Europa se situaba en el 11% y 7,3%. Pág. 350.

[xxv] Xavier Rius Sant, El Libro de la Inmigración en España: Historia, Legislación, Política y Debate Social desde el Franquismo hasta Nuestros Días (Madrid: Editorial Almuzara, S.L., 2007), pág. 387.

[xxvi] Lorenzo Chacón Rodríguez, La "España Inmigrante": Marco Discriminatorio, Mercado de Trabajo y Políticas de Integración. (Barcelona: Anthropos Editorial, 2009), pág. 201.

[xxvii] La Provincia On-line: Regional. www.laprovincia.es, 1 de mayo del 2008.

[xxviii] J.L. Ruiz Olabuénaga, E.J.Ruiz Vieytez y T.L. Vicente Torrado, Los Inmigrantes Irregulares en España: La Vida por un Sueño. (Bilbao: Universidad de Deusto, 1999), pág. 187.

[xxix] Miguel Pajares, La Inmigración en España: Retos y Propuestas (Barcelona: Icaria S.A., 1998), pág. 87.

[xxx] Datos del Centro de Investigaciones Sociológicas, www.cis.es.

[xxxi] Xavier Rius Sant, El Libro de la Inmigración en España: Historia, Legislación, Política y Debate Social desde el Franquismo hasta Nuestros Días (Madrid: Editorial Almuzara, S.L., 2007), pág. 195.

[xxxii] VV.AA. El Extranjero en la Cultura Europea de Nuestros Días (Bilbao: Universidad de Deusto, 1997), pág. 83.

[xxxiii] CEAR- Comisión Española de Ayuda al Refugiado. Manual de Procedimientos de Asilo en España. Servicio Jurídico de la Comisión Española de Ayuda al Refugiado (Cear). (Madrid: Editorial Entinema, 2002), pág. 39.

[xxxiv] Gobierno de España. Consejo Económico y Social. Informe sobre la Inmigración y el Mercado Laboral en España. Colección de Informes. (Madrid: 2004), pág. 66.

[xxxv] César Hernández, En Tránsito: Sub-saharianos en Canarias. (Las Palmas de Gran Canaria y Santa Cruz de Tenerife: Ediciones Idea, 2005), pág. 29.

[xxxvi] César Hernández, En Tránsito: Sub-saharianos en Canarias. (Las Palmas de Gran Canaria y Santa Cruz de Tenerife: Ediciones Idea, 2005), pág. 119.

[xxxvii] VV.AA. Flujos Migratorios Subsaharianos hacia Canarias-Madrid. Antonio Marquina, Ed. (Madrid: UNISCI- Unidad de Investigación sobre Seguridad y Cooperación Internacional, 2008), pg. 320.

[xxxviii] El inmigrante debe pedir asilo por sí mismo sin ser instigado por otro y en un plazo no superior a un mes si ya si encuentra en territorio español o en los pasos fronterizos si aún no ha entrado. El Gobierno deberá responder en un plazo no superior a 60 días o se considera que la solicitud ha sido admitida a trámite. Las solicitudes serán rechazadas cuando el inmigrante constituya un peligro o esté acusado de algún delito grave, cuando se aleguen motivos económicos que no constituyen un peligro para la vida o libertad del inmigrante (como que se emigra en busca de mejora laboral), cuando las alegaciones carezcan de argumentos o cuando el solicitante ya haya sido previamente rechazado. La expulsión se paralizará hasta que se obtenga una respuesta a la petición de asilo.

Durante seis meses se le concede una "tarjeta de asilo" que no le da derecho a trabajar pero sí a servicios sociales, sanitarios y educativos.

[xxxix] VVAA., La Inmigración: Modelos y Perspectivas. J.J. Cruz (Coord.), (Las Palmas de Gran Canaria y Santa Cruz de Tenerife: Ediciones Idea, 2009), pag.88.

[xl] VV.AA. Flujos Migratorios Subsaharianos hacia Canarias-Madrid. Antonio Marquina, Ed. (Madrid: UNISCI- Unidad de Investigación sobre Seguridad y Cooperación Internacional, 2008), pág. 378.

[xli] Josefa Achotegui Loizate, La Depresión en los Inmigrantes: Una Perspectiva Transcultural. (Barcelona: Ediciones Mayo, 2002), pág. 15.

[xlii] VV.AA., Inmigración en Canarias: Contexto, Tendencias y Retos (Santa Cruz de Tenerife: Fundación Pedro García Cabrera, 2003), pág. 70.

[xliii] Gobierno de Canarias: Observatorio para el Empleo y la Formación Profesional en Canarias, OBECAN, www.gobiernodecanarias.org.

[xliv] VV.AA., Inmigración en Canarias: Contexto, Tendencias y Retos (Santa Cruz de Tenerife: Fundación Pedro García Cabrera, 2003), pág. 110.

[xlv] VV.AA., Inmigración en Canarias: Contexto, Tendencias y Retos (Santa Cruz de Tenerife: Fundación Pedro García Cabrera, 2003), pag.344.

[xlvi] El Mundo.Es, www.elmundo.es. 17 de Mayo del 2006.

[xlvii] VV.AA. Flujos Migratorios Subsaharianos hacia Canarias-Madrid. Antonio Marquina, Ed. (Madrid: UNISCI- Unidad de Investigación sobre Seguridad y Cooperación Internacional, 2008), pág. 290.

[xlviii] VV.AA. Flujos Migratorios Subsaharianos hacia Canarias-Madrid. Antonio Marquina, Ed. (Madrid: UNISCI- Unidad de Investigación sobre Seguridad y Cooperación Internacional, 2008), pág. 231.

[xlix] Guerra Talavera, R. y Pérez García, T., La Inmigración Latinoamericana En La Provincia De Las Palmas En El Cambio De Siglo. (Las Palmas de Gran Canaria: Cabildo de Gran Canaria, 2006), pág. 378.

[l] Datos del Instituto Nacional de Estadística Español. Ibíd., www.ine.es.

[li] La Provincia Online: Regional, www.laprovincia.es, 29 de enero del 2009.

[lii] Canarias 7 Online: Regional, www.canarias7.es, 14 de agosto del 2008.

[liii] Datos aportados por el Gobierno de Canarias: Instituto Canario de Estadística (ISTAC), www.gobiernodecanarias.org/istac.

[liv] Datos aportados por el Gobierno de Canarias: Instituto Canario de Estadística (ISTAC), www.gobiernodecanarias.org/istac.

[lv] La Provincia Online: Regional, www.laprovincia.es, 26 de noviembre del 2008.

[lvi] La Provincia Online: Regional, www.laprovincia.es, 20 de enero del 2008.

www.ingramcontent.com/pod-product-compliance
Lightning Source LLC
Chambersburg PA
CBHW070550290526
45790CB00002B/621